완행열차

완행열차

홍미옥 첫 시집

아주 오래전
글을 쓰고 싶다는 마음과 달리
한 줄의 글도 쓰지 못하고 지내다
친구의 소개로 시인대학을 소개받아
대책도 없이 무작정 시작했던 게
엊그제 같습니다.

어느덧 수료하고서도
내 시집을 낸다는 게
용기도 없고 자신감도 없어
망설여지기까지 할 정도였지만,
박종규 교수님의 지도 하에 미흡하지만
어엿한 나만의 시집을 출간하게 됐습니다

진심으로
감사의 말씀을 드립니다

2025년 6월 초순
시 인 홍 미 옥

차 례

머리말/ 4

제1부 아름다운 소리/ 11

봄이 왔어요/ 13
어머니_봄이 오네요/ 14
봄바람/ 16
꽃이 피었어요/ 18
아름다운 소리/ 19
황톳길 맨발 걷기/ 20
찔레꽃의 아픔/ 22
찔레꽃의 수난/ 24
민초 같은 너/ 26
호야/ 28
산당화/ 30
벚꽃들의 축제/ 32
각원사의 봄/ 34

제2부 잃어버린 기억/ 37

아기 웃음/ 39
가족사진(1)/ 40
가족사진(2)/ 42
나의 묘비명/ 43
손녀의 손/ 44
아버지의 볶음밥/ 46
콩나물잡채(1)/ 48
콩나물잡채(2)/ 50
잃어버린 기억/ 52
나의 아버지/ 54
이웃사촌/ 56
가족사진(3)/58
매미/ 60

제3부 **여름의 끝자락**/ 63

친구/ 65
올림픽공원에서/ 66
옥정호/ 68
보고픈 친구/ 68
성내천/ 72
꽃무릇/ 74
완행열차/ 76
잊지 못할 친구/ 78
가로수/ 80
참새/ 82
채석강/ 84
여름의 끝자락/ 86
천문산에서/ 88
봉선화/ 90

제4부 월동 중입니다/ 93

무지개/ 95
그대는 똥/ 96
문장부호/ 98
미세먼지/ 100
수선화/ 102
은행잎/104
바이러스에 걸렸다/ 106
여름을 알리는 소리/ 108
월동 중입니다/ 110
눈 내리는 날/ 112
그리운 마음/ 114
푸른 하늘/ 114

맺음말/ 118

제1부 아름다운 소리

봄이 왔어요
어머니_봄이 오네요
봄바람
꽃이 피었어요
아름다운 소리
황톳길 맨발 걷기
찔레꽃의 아픔
찔레꽃의 수난
민초 같은 너
호야
산당화
벚꽃들의 축제
각원사의 봄

봄이 왔어요

봄이 왔다고요
모두 일어나세요

나뭇가지를 간지럽히며
새싹이 속삭이고 있어요

꽃잎은 사랑스럽게 어루만지며
향기를 멀리 날라주는 봄바람

푸른 잎을 씻어주는 봄바람
우리 마음에도 거리에도 작은
기적처럼 꿈이 움트고 가슴은
설레고 봄이 가득 녹아있네요.

봄이 오네요_어머니

봄바람에 너의 향기가
온몸을 간지럽히네

핑크빛 나비를 가슴에 얹고
노란 원피스를 입은 아이와
손을 잡고 나물 캐러가네

초록빛 들판에 핀 쑥
엄마는 커다란 바구니에
기쁨으로 가득 담았지

붉게 물든 하늘을 보며
구름 위를 나는 듯이
집으로 돌아와

쑥버무리랑 쑥국을
맛있게 먹었지

봄이 오면
다시는 돌아오지 못할
여행을 떠나신 당신이 그립습니다

봄바람

3월의 봄
봄바람이 꽃눈을 간지럽히고
나의 마음을 흔들고 있다

겨울의 끝자락과 봄의 시작이
서로 닿을 듯, 말 듯 하는 춘삼월.

하늘에서 내려온 바람은
부드럽게 속삭이듯 시작하다
모든 것을 삼키려는 듯
거세게 불어오고
봄눈이 살포시 내리고 있다

봄바람이 지나가며
겨울의 흔적에게
속삭이며 꽃잎을 깨우고

오늘도
그대의 얼굴 떠올리며
온 세상에 사랑을 뿌려준다

꽃이 피었어요

거리에
예쁜 꽃이 피었다고요

예
그래요

내가
예쁜 꽃 갖다 놓았어요

내 생각하며 보시라고요

아름다운 소리

맑은 밤 밝은 달빛이
누각 머리를 비추는데
달빛을 가리고 지나가는
구름의 소리

깊숙한 골방 안
그윽한 밤에
아름다운 여인의
치마 벗는 소리

봄이 오려면 따스한 바람과
얼음장 밑으로 물 흐르는 소리가
가장 아름다운소리 아니겠는가

황톳길 맨발 걷기

오솔길 옆 작은 구릉엔
키 큰 나무들이 쭉쭉 뻗어 있다
나무의 몸통 사이로 스며드는
여름날의 햇살은 한 폭의 수채화

숲의 그늘과 바람이 더위를 식혀주지만
맨발로 느끼는 흙의 부드럽고 차가운 기운
흙이 뿜어내는 신선하고 건강한
생명력이 온몸으로 느껴진다

오솔길을 걷다 보면 풀과 작은 꽃
나뭇가지들이 풀어헤쳐져 있다

하늘에 흐르는 구름에 닿을 듯한데
사랑이 넘치는 귀여운 자태를 뽐내는
오솔길을 그대와 걸을 수 있으면 행복하겠지

찔레꽃의 아픔

찔레꽃
화려하지 않아서
외려 꺾지 않는다

다른 나무들처럼
굵은 가지로 하늘을 향해
쭉쭉 뻗어보려던 소망은
한숨이 되고 원망이 되어
아픔은 끝내 가시가 되었을까

밭에 나와 엎드려 김을 매는
헐벗고 굶주리며 고개 한번 들지 못했던
흰옷 입은 여인들의 서러운 노랫가락이
찔레의 아픔을 더해주어
자꾸만 자꾸만
가시를 억세게 하고 자신을 감추려 한다

고향에서 찔레 순을 꺾어 먹으며 놀던
친구들은 어디에서 옛 생각 하고 있을까

찔레꽃의 수난

농부의 억센 낫에 의해
밑동부터 잘려지고

몸에는 가시가 있어
걸리적거린다고 잘려지고
밭에 가시덤불을 만든다고 잘려지고

찔레 때문에 뱀이 나온다고 잘려지고
새순을 빨리 키워내려고 잘려지고

힘주어 뽑아 올린 자양분이
거품으로 넘쳤다고 잘라내고

뱀이 침을 뱉은 흔적이라고
억지를 마구 부렸다

그 누가
찔레꽃이 예쁘지 않다고 했나

길가에
하얗게 피어있는
널 보면
하얀 나비가 자유롭게 날아다니며
행복을 나눠주는 것 같다

민초 같은 너

무너져 내린 언덕배기
풀 무더기와 덤불 사이
수북하게 피어있는 작은 개울가

흰옷 입은 할머니들의
한과 아픔이 서리서리 맺혀있네

밟히고 밟혀
뿌리만 남아도
죽지 않고 다시 돋는 야생초처럼
억센 풀을 사람들은 민초라 한다

어떤
어려움에도 절망하지 않고
새순을 꺾는 손이 아무리 많아도
농부의 손이 자꾸만 낫질을 해도
또다시
싹을 올려 보낸다

찔레꽃은 시간 속에 잊어버린
흰옷 입은 우리 민족의 꽃
한과 얼이 그 안에 서려 있다.

호야

내 작은 공간에
기쁨으로 찾아왔지

별빛을 품은 작은 꽃
조용히 고개 숙이고 있네

연분홍 꽃송이
은은한 향기 속에서
세상이 멈춘 듯하다

수줍은 색시처럼
촉촉한 마음 한 귀퉁이에
고개 숙이고 있는 너

네가 피어있던 그 자리에
작은 별을 내려놓았다

처음 만났을 때처럼
사랑하는 마음으로
영원히 보듬어 줄게

산당화

뜨거운 가슴에
붉은 꽃잎이 흔들릴 때
내 마음도 따라 흔들렸지
잎보다 먼저 튀쳐나온 작은 봉우리

산속 깊은 고요함 속
한 송이 꽃 속에서
노란 수술 가득 품고
섬세하게 피어난다

꽃잎을 하나씩 벗겨내면
세상의 아픔을 조심스레 열고
새로운 생명을 위해 타오르는
아름다운 자태를 뽐내며 피어나는 산당화

산당화는 예쁘게는 피지만
오래는 머물지 않아서
그리움처럼 왔다가 덧없이 져버린 너

벚꽃들의 축제

동면에서 깨어나 메마른 가슴에
설레는 첫사랑처럼 피어나네

연분홍색 꽃잎이 바람에 흩날리듯
잠시 머물다 사라지는 벚꽃처럼
바람과 함께 스쳐 간 너

작은 꽃송이가 별들을 쏟아내듯
손끝에 닿기도 전에 흩날리면
온 대지는 눈이 온 것처럼 쌓인다

너와 걷던 벚꽃 길
눈부시게 아름답고
잠시 피었다 지는 꽃이지만
계절은 고요한 봄의 숨결이 내려앉는다

각원사의 봄

햇살은
나를 향해 살짝 미소 짓고
바람은 귓가를 간지럽히는 봄
오만가지 색색의 고운 꽃들이
자기가 제일인 양 활짝 피었네요

겹벚꽃은
고개를 살랑살랑

철쭉은
날개를 활짝 펴고 춤추고

수양버들
늘어진 연분홍 꽃들이
가볍게 바람이 불면 늘어진 가지가
꽃비가 내리는 것 같아요

조용한 산사에서
봄꽃을 즐기며
그대들과 꽃밭에서
따뜻한 차를 마시며
행복한 하루를 보냈네요

제2부 잃어버린 기억

아기 웃음
가족사진(1)
가족사진(2)
나의 묘비명
손녀의 손
아버지의 볶음밥
콩나물잡채(1)
콩나물잡채(2)
잃어버린 기억
나의 아버지
이웃사촌
가족사진(3)
매미

아기 웃음

바람 속 흩어지는
부드러운 선율처럼

아기 웃음
봄바람처럼
부드럽게 퍼지고

하얀 목련
처녀 가슴 터지는
꽃봉오리처럼
차가운 바람 속에서
한 송이 미소 띄운다

가족사진(1)

오랜만에
찾아본 결혼식 사진
부모님, 가족, 친구들
다 같이
찍으면서 행복했는데

지금은
구름 따라
세월의 흔적만
남기고
먼 곳으로 가신 분들
어디에서 찾아볼 수 있을까

35년의 세월
무심하게
흘
러
서
그리움만 쌓였다

바람에 날린 꽃잎처럼
사진 속의 순간들이
사라져버렸다

35년 후
사진 속에 함께한
가족들을 다시 만날 볼 수 있을까
사진 속 웃음이 나를 위로해 준다

가족사진(2)

따뜻한 봄 철쭉꽃 앞에서
둘이 넷이 되었다
아이들을 보며 세상을
다 가진 것처럼
기쁨이 달콤한 여운처럼 남아
향기롭게 만들었다

내 품에서 언제나
별처럼 반짝이고
가족사진 속 우리는
함께 웃고 함께 울며
서로의 손을 잡고
살아온 길
추억으로 남아있다

손녀 손

햇살보다
부드러운 작은 손
예쁜 팔찌 끼고 있는 그 손

조그만 손 꼼지락꼼지락
엄마 손 잡으려고 쥐었다 폈다
손가락 하나 꼭 쥐고
살포 미소를 지으며 행복을 주네

작디작은 손바닥 위에
사랑이 시작되고
시간이 멈춘다

손바닥보다 작은
너의 손
내 마음을 앗아 가버렸다

나의 묘비명

돌아오지 않을 여행
떠
나
노
라

아버지의 볶음밥

세상에서
제일 맛있는 볶음밥
겨울이 오면
방에 곤로를 켜놓고
김치볶음밥을 해주셨던
아버지

닭을 잡아서
백숙은 식구들이 먹고
내장은 작은 양은 냄비에 보글보글
맛있게 끓여서 나에게만 주셨던
아버지

금종이로
나리꽃을 접어주시면서
나리꽃보다 네가 예쁘다고 하셨던
아버지

아버지는
못생기고 잘나지도 못한 딸
기죽지 말고 당당하게 살아가라고
힘을 주셨던 아버지

딸 바라기였던
아버지

콩나물잡채(1)

잔칫상에 빠지지 않는 콩나물잡채
엄마가 해 주신 콩나물잡채엔 당면이 없다

콩나물 머리, 꼬리 따고 삶고
고사리 삶아놓고
미나리 옷을 벗기고
무 당근 사과 곱게
채 썰어 놓고 대파 마늘 넣고
새콤달콤 매콤하게 버무리면
색깔도 곱고 예쁘고 맛있다

동네 언니 시집가던 날에도
어르신들 생신상에도 빠지지 않고
예쁘게 앉아 있던 너

엄마 생각하면
가장 먼저 떠오르는 음식이고
그냥 먹어도 맛있고
밥반찬으로 먹으면 더 맛있다

콩나물잡채(2)

친구가 해주던 콩나물잡채
혼자 자취하던 때 친구가 와서
반찬을 만들어 주곤 했는데
맛있게 먹었던 콩나물잡채

콩나물을 삶다가 적당히 끓으면
냄비 뚜껑을 열고 당면을 넣고 삶는다
간장에 파 마늘 고춧가루 넣고
참기름 깨를 넣고 부드럽게 무친다

친구들이 와서
콩나물잡채를 해주면
맛있다고 하면서 조리법을 알려달라고 한다

콩나물잡채를 먹을 때마다
떠오르는 너
어디에선가
이웃들과
맛있는 음식 나눠 먹으며
행복하게 지내겠지

나도 널 위해
맛있는 거 해 줄 수 있는데
만날 수 없는 친구 보고 싶다

잃어버린 기억

천사처럼 밝은 모습으로
발장단 맞추며 노래까지 하며

손끝의 따스함은 여전한데
기억을 찾아 먼 하늘을 헤매고
총명하던 눈빛은 어느새 흔들리고 있다

당신 이름도 기억하지 못하면서
자식 걱정 잊지 않고 물어보신다

아빠한테 가지 말라고 했더니
아빠가 오란다고 가고 싶다는 당신

벚꽃이 바람에 날려 떨어지던 날
벚꽃잎 따라 우리 곁을 떠났지만
당신의 온기가 따뜻하게 아직도 남아있다

나의 아버지

보고싶다
어디선가 날 부르며
햇살로 다시 오는 것 같아요

길을 걷다가 당신 같아서
아닌 줄 알면서 쫓아간다

장맛비가 억수로 쏟아지던 날
물꼬 트러 삽을 들고 논으로 간다

장맛비가 쏟아지던 그 여름
유실된 벼 모종과 아버지의
슬픔 어린 허망한 모습

개구리가 하얗게
밤새워 울던 밤
논에서 까맣게 흔들리던 모습

다섯 손가락 중에서 유독
가운뎃손가락에게 사랑을 주시고
마음을 무겁게 지워지지 않는 무게
아무도 모르게 견디며 바라보신다

이젠
부를 수 없는 그 이름
내 마음속 깊은 곳에서
영원히 당신은 살아 계십니다.

이웃사촌

울타리 너머 웃음소리
이웃의 안부 묻는 소리

아침이면 커피 냄새 따라
커피 마시러 오라는 옆집 아줌마

저녁엔 맛있는 음식 냄새 따라
반찬 가지러 오라는 아랫집 아줌마

가끔은 야채 한 줌 주시고
가끔은 마음 한 줌까지…

서로 오가는 손길 속에
따뜻한 계절이 익어가네

우리 동네 골목엔 사랑이 넘치고
이웃이 다정한 사촌처럼 친하며
어려운 일이나 좋은 일이 생기면
걱정해주고 축하해주네요

가족사진(3)

자녀들의 결혼사진 보면서
30년 전의 내 모습이 떠오른다

부모님 앞에서 행복하게 살겠다고
맹세했던 날이 엊그제 같은데

자녀들이 자라서
우리 앞에서
행복하게 잘 살겠다고 선서하고 있네요

어느새
아이의 엄마가 된 딸을 보며
대견스럽고 세상을 다 가진 것 같다

부모님도
내가 아이를 낳았을 때
이렇게 기쁘고 행복해하셨겠지.

너희들 결혼식을 보면서
세상에서 가장 아름답고
예쁜 모습을 보았지

세월이 흐르고 흘러서
너희들을 두 팔로 안을 수는 없어도
마음은 언제나 행복하고
건강하길 기도하고 있단다

매미

별들이
밤하늘을 밝힐 때
어둠을 뚫고 나와 나무를 타고
기어올라서 갑옷 껍데기
벗으려고 안간힘 쓴다

갑옷은 단단해서
움직임도 느려지는 고통이 따르지만
등줄기에서 껍데기가 갈라지며
하얗고 부드러운 성충이
빠져나간 빈자리는
시간이 멈춘 듯
딱딱한 과거를 등 뒤에 선명하게 남긴다

너는
한점 흐트러짐 없이
그대로
단단하고 빈
껍데기만 남아있다.

제3부 여름의 끝자락

친구
올림픽공원에
옥정호
보고픈 친구
성내천
꽃무릇
완행열차
잊지 못할 친구
가로수
참새
채석강
여름의 끝자락
천문산에서
봉선화

친구

아주 오래전에 만났던 너
흰 구름이 두둥실 떠다니는
하늘을 보고 있으면
너의 웃음소리가 들려

서로 다른 길을 걸어가도
우리의 마음은 함께 있지
함께하는 시간이 쌓여가며
말하지 않아도 알 수 있어
너의 따뜻한 마음

세상의 어둠도 너와 함께라면
환하게 빛날 수 있을거야

올림픽 공원에서

봄을
만나러 가는 길 설레네요

마른 나뭇잎 사이에서
기지개 켜며
흙 속 깊이 묻혔던 꿈
햇살 받아 새싹이 돋았어요

봄의 숨결을 느끼며
걷고 있는 봄맞이 산책
행복 가득
미소가 넘치고
마음은 점점 따뜻해지네요

옥정호

붕어를 닮아서 붕어섬
출렁다리 건너며
웃음과 비명
붕어섬엔 꽃들의 잔치

40년 지기 벗들과 여행
20대 때처럼
웃음이 까르르
세월이 흘러도
어제 만난 것처럼
웃음보따리가
한 아름 펼쳐진다

서늘바람 맞으며
국화꽃과 구절초
갈대랑 눈맞춤
쪽빛 하늘 아래
우리들의 꽃이 되었네

10년 후에 만나도
우리는 시들지 않는
꽃으로 살아 있을까

보고픈 친구

20대에 만나서 행복했는데
널 만나면 웃음이
떠나지 않았지

눈썹은 초승달
입꼬리는
언제나 보름달

근심은 사라지고
행복만 가득했지

지금은
어디서 뭘 하고 있을까

캄캄한 밤하늘에
보름달이 둥그렇게 떠오르면
너의 얼굴 보고 싶다

친구와 함께 보낸 시간
떠 올리며 너도 어디선가
나를 그리워하고 있겠지

성내천

조용히 흐르는 성내천
도시의 소음 속 숨겨진 평화

성내천 따라 걷다 보면
모델 포스를 지닌
왜가리 가족과 소풍을 나온 청둥오리
흐르는 물속엔 잉어들
운동하는 사람들과 어우러진 곳

벚꽃이
물결 따라 흩날리고
조용한 물속에도 봄이 피어난다
마음이 울적하면 성내천을 걷는다

물결은 고요히 속삭이며
한때 떠내려갔던 바람처럼 흐른다
성내천의 활기찬 풍경들이
나에게 생명력을 주는 것만 같다

꽃무릇

붉은빛
토해내듯 피어 있네

구름 위를 떠돌다
떨어진 곳에서 피어난
한 떨기 꽃

사랑하는 사람을 만나지 못하고
닿을 수 없다는 걸 알면서도
오지 않을 걸 알면서도
온 마음을 쏟아내 사랑했었지

가녀린
연초록 꽃대
외로움이 진한 멍 든 걸까
외로움을 달래듯이
무리 지어서

꽃과 잎이
평생토록 만나지 못하는 아픔
견뎌야만 하는 아픈 운명이여!

완행열차

"이 열차의 종착역은 여수입니다."

지금은 아련한 추억으로 남은 완행열차
용산역에서 여수행 완행열차를 타면
스쳐 가는 계절을 보며
청춘을 불사르듯이 즐기며
밤새워 이야기 나누면서
기차는 달리고 달렸다

새벽녘 여수역에서 내려
오동도에서 겨울의 끝과 봄을 알리는
붉게 타오르는 동백꽃을 만나고
바닷가에선 잔잔한 파도와
갈매기가 반겨주는 곳도 찾아보고

완행열차는 느리지만
끝까지 달리고 달리다
마침내
멈추는 곳을 종착역

종착역은 끝이 아닌
새로운 시작이기도 하다

내 인생의 종착역은 어디쯤인가?

잊지 못할 친구

'동창생' 하면 떠오는 친구
초등학교 다닐 때
내 짝이다

공부는 그저 그럭저럭했었지만
마음만은 일등 천사
활짝 웃지는 않았지만, 배려심은…
말은 많지 않아도 늘 내 편이 되어주던 너

초등학교 졸업 후
한 번도 만나본 적 없다
동창들을 만나서 물어보면
아는 친구가 없다

가슴 한켠에
아련하게 남아있는 너
봄이 오면 제일 먼저
떠오르는 너

어디선가
행복하게 살고 있겠지
만나볼 수 있다는
소망과 그리움,
파도처럼 밀려온다

가로수

도시의 먼지와 매연에
파묻혀 살아가는 나

여름의 땡볕을 피해
그늘 밑에 쉬고 있을 때
잎사귀를 펴 주어 시원하게
쉬어 갈 수 있게 하는 나

밤이 오면 네온사인 때문에
편히 쉴 순 없지만
입 속에 소중하게 간직한
생명의 에너지 산소를 내뿜는다

찌들고 때 묻고 지친
몸과 마음
펴게 하고 씻어내며
지친 피로 풀 때 행복합니다

참새

엄지손가락보다 적은 너
바람보다 먼저 일어나
햇살을 부리는 적은 날개

회색빛 하늘 떠돌다
사뿐히 내려와 짹짹
먹이를 열심히 쪼아 먹는다

영하 7도라는 일기예보
뉴스를 보면서 가슴이 시려온다
바람은 길이 없고
구름은 머무를 곳 없지만 어디로 갈까

숲이 우거진 보금자리 찾아
푸른 하늘을 향해
은빛 날개 펴고 날아가겠지

채석강

봄이 오면 유채꽃이 만발하고
팔각정에선 음악이 흐르고
파도는 잔잔하게 노래 부르네

수평층의 암석이 책장을 넘긴 듯
겹겹이 쌓인 층암 절리 절벽이 있고
자연이 만들어낸 독특한 풍경이 있네

말없이 깎인 절벽엔
침묵조차 아름답고
밀려드는 파도는
어서 오라 출렁인다

겹겹이 펼쳐진
돌의 결마다
엄마 품처럼 따뜻함과
행복이 넘치고
나도 그 안에서
한 조각 빛이 되어본다

여름의 끝자락

해님은 끊임없이
땅을 두드렸고
한 줄기 햇살이 대지를 가르고
햇볕은 발끝까지 내려앉는다

저 끝에선 서늘한 바람이
떠날 준비 마치고
기다리고 있겠지

구름의 울음이 폭풍이 되어
대지에 물을 찰랑거리게 하네

그늘이 조금씩
길어지는 오후
여름이 떠나는 소리
적막에 가깝다.

거미줄마저
힘겹게 물방울 매달고
황금빛 고개들이
바람에 인사하듯 입맞춤한다.

천문산에서

하늘과 맞닿아 하늘 문
구름 깃든 문을 지나면
바람은 고요히 옷깃을 여민다

천 길 절벽 구름 속에 솟고
푸른 숲 깊은 곳엔 새소리 들리고
하늘에 걸린 유리 다리와 케이블카

한걸음에 만고의 세월
천 계단 올라야 하늘 문에
닿을 수 있는 곳

한 계단
또 한 계단 오르며
용서를 빌며
구원을 바라며
한 걸음 한 걸음 돌계단을 오른다

하늘로 열린 문 같은 장대한 풍경
우뚝 솟은 웅장한 바위 신비로운 곳
대자연 앞에서
인간의 작음을 느꼈다

봉선화

늦가을 찬 바람 불어오는
조그만 텃밭에 활짝 핀 봉선화

계절을 잊었나?
추위에 움츠려지는데
방긋 웃는 너

키도 작고 소박한 너
분홍빛 옷 입고
살포시 웃고 있네

한여름 만나지 못한
임 만나려고 왔나
친구 만나러 왔나

첫서리 내리는 날
첫서리 따라
사라져 버렸네

여름이 되면 너는
예쁜 꽃이 되어
다시 오겠지

제4부 활동 중입니다

무지개
그대는
문장부호
미세먼지
수선화
은행잎
바이러스에 걸렸다
여름을 알리는 소리
월동 중입니다
눈 내리는 날
그리운 마음
푸른 하늘

무지개

폭포가 거세게
쏟아지는 물보라 속에서
무지개가 조용히 피어난다

바람 속에 흩어지는
모든 빛깔 담은 다채로운 색깔
세상의 끝과 끝을
이어주는 고운 다리

어둠이 물러가고
새로운 시작을 알리는
평온과 희망이
스며 나온다

그대는 똥

그대가
보고파 찾았는데
만나지 못하고 엇갈리네

오늘도
어제처럼 기다리는데
보이지는 않는다

그대를 만나려는
내 마음 아는지 모르는지

우리 몸에서
나와 돌아가는 길
세상만사 돌고 도는 순환을
이어가는 작은 별

그대를 만나고
솜털처럼 가벼워
날아다닐 것 같다

문장부호

가슴 한 켠에
물음표를 달고 다녔다
부모님의 가슴을 아프게 하면서
나만 힘든 것처럼…

거꾸로 물음표가
하늘을 가로지르며
세상의 답을 묻는다

하늘이 열리고
별들이 내게 속삭인다

끝없는 혼란 속
거꾸로 느낌표가
내 마음까지 비추고 있다

이제는
모든 걸 내려놓고
쉼표처럼 쉬엄쉬엄 쉬어 가다가

말없이 마침표를
찍어야겠다.

미세먼지

눈에 보이지 않는 입자
공기 중에 떠다니는 너
우리 주변에 너무 밀착되어 있어
멀어지지 못한다

날마다 기상예보는
미세먼지 주의보

예쁜 미소 보고픈 데
가리고 다녀야만 한다.
숨쉬기조차 힘들다고
아우성이다

하늘은
미세먼지로 가려지고
숨 쉴 때마다 아련한 그리움
깨끗한 공기
그리운 숨결 꿈꿔본다

수선화

정구지밭에 활짝 핀 너
한참 바라보았다.

개구쟁이처럼
눈 맞추는 너

옆집에 가서도
집에 들어와도
네 생각뿐
일기예보 보면서도
또 네 생각

어떡하지
내일은 첫눈이 온다는데
어디에 숨기지
첫눈이 못 보게
숨겨놔야 하는데
꼭꼭 숨어있어야 하는데

야심한 밤
첫눈이 살그머니 내려와
여린 몸 살포시 감싸주었다

은행잎

가장이가 황금빛이 되었다

반달처럼 오롯하게
속이 꽉 차서 예쁜 너

뿔따구니 난 것처럼
삐쭉삐쭉 한 너

세상의 모든 빛으로
승리를 외치는 브이브이

새초롬하고
사랑을 가득 담은
하트모양의 너

아침에 눈 뜨면
산내리 바람에
떨어진 황금빛 잎들
세상의 모든 희로애락 담고 있다

바이러스에 걸렸다

새빨간 장미꽃이 피어난다

빨간 양탄자 위에
검은 그림자가 드리워진다

장미꽃 위에
살포시 내려앉은
이슬이 방울방울 만발할 때는
살을 도려내는 듯
걸을 때마다
조용히 불타오른다

꽃잎의 물방울이
서서히 마르면
통증도 잦아든다

태풍이 몰아쳐
으르렁거리는 파도를
헤쳐 나온 듯하다

여름을 알리는 소리

뜨거운 태양 아래
높은 나무 위에서
수컷이 울어대는
뜨거운 합창 속에
그녀는 울지 않고
듣고 가려내고
기다리며 지낸다

생은 짧고 치열하게
의지를 남기려고 한다

비바람을 맞고
개미 먹이가 되고
환경오염에 의해 사라지기도 한다

지상에 머문 며칠
날갯짓보다 고요한
침묵 속에서
미래를 엮으며 짓는다

월동 중입니다

지금은
월동 중입니다
노란 옷을 입고 잿빛
이불을 덮고 있는 당신

겨울 속 속삭임이 가슴속
깊은 곳까지 스며든다

바람은 얼어붙은
세상에 따뜻함을
불어넣어 옷을 벗기고
가시 사이에 잎사귀 위로 맺힌
아침 이슬같이 푸르른 날개를 달아
사뿐히 내려왔네

서로 다른 빛으로 물든
수백 송이 향기마저
붉은 꽃이 피어나겠지

너의 향기를 맡으며
사랑하는 벗들과
따뜻한 차 한 잔의 여유를 즐기고 싶다

눈 내리는 날

눈이 소복이
내리던 날
세상이 하얗게 변하면서
마음도 맑아지는 것 같았는데

소나무
두 팔이 잘려 나가고
비닐하우스 지붕 위에 쌓인 너를
이기지 못하고 말없이 쓰러졌지

촉촉하고 무거운
눈이 오지 말고
솜털처럼 가벼운

눈 내린 세상
하얗게 나뭇가지에 쌓이면
예쁜 눈사람을 만들고 싶다

그리운 마음

그대를
그리워하는 마음
강물 따라 흘러 보내고

바람 따라
헤매는 마음
낙엽 따라 흘려보내고

저 하늘에
빛나는 별
별똥별 따라 떠나가네

그대가 떠난
빈자리 그리움
바람만 가슴에 내려앉는다

그대가 웃으며
서 있던 그 자리
바람만이 그대 이름 부른다

푸른 하늘

푸른 하늘엔
멋진 화가가 있네요

파란 도화지에
사슴이 뛰어놀고
토끼는 친구들과 소풍을 가며
무지개가 활짝 웃으며 기지개를 켜네요

하얀 구름이
뭉게뭉게 피어오르고
바람을 흔들어서
구름이 강물처럼 흩어지고
내 마음속 그리움도 살포시 내려놓는다

파란 하늘
날아다니는 바람은
여전히 불고
그대 떠난 빈자리에
햇살만 조용히 비추고 있다.

맺음말

"꿈은 이루어진다"
머리로만 꿈을 꾸고
가슴은 텅 빈 채 50년을 살아왔습니다.

뜨거운 가슴으로
시를 쓰기 시작했는데
드디어 한 권의 시집을 내게 되었습니다.

봄을 기다리는 마음처럼
설레기도 하고, 두렵기도 하지만
끝을 냈다는 게 중요한 것 같습니다.

잘 쓰지는 못했지만
나의 시를 읽고 더 많은 사람들이
시를 쓸 수 있으면 참 좋겠습니다.

앞으로 더 정진하겠습니다.
두루두루 고맙습니다.

2025년 6월 2일
시인 홍미옥

완행열차

초 판 인 쇄	2025년 06월 02일
초 판 발 행	2025년 06월 10일
지 은 이	홍미옥
발 행 처	다담출판기획 TEL : 02)701-0680
	서울시 영등포구 영신로30길 14, 2층
편 집 인	박종규
등 록 일	2021년 9월 17일
등 록 번 호	제2021-000156호
I S B N	979-11-93838-45-7 03800
가 격	12,000원

본 책은 지은이의 지적재산이므로 무단전재와 복제를 금합니다.